MATERIAL COMPLEMENTAR

FICHA 1

LETRAS MÓVEIS MAIÚSCULAS.

A	A	A	A	A
Á	Á	Ã	Ã	Â
Â	E	E	E	E
E	É	É	Ê	Ê
I	I	I	Í	Í
O	O	O	Õ	Õ

FICHA 2

LETRAS MÓVEIS MAIÚSCULAS.

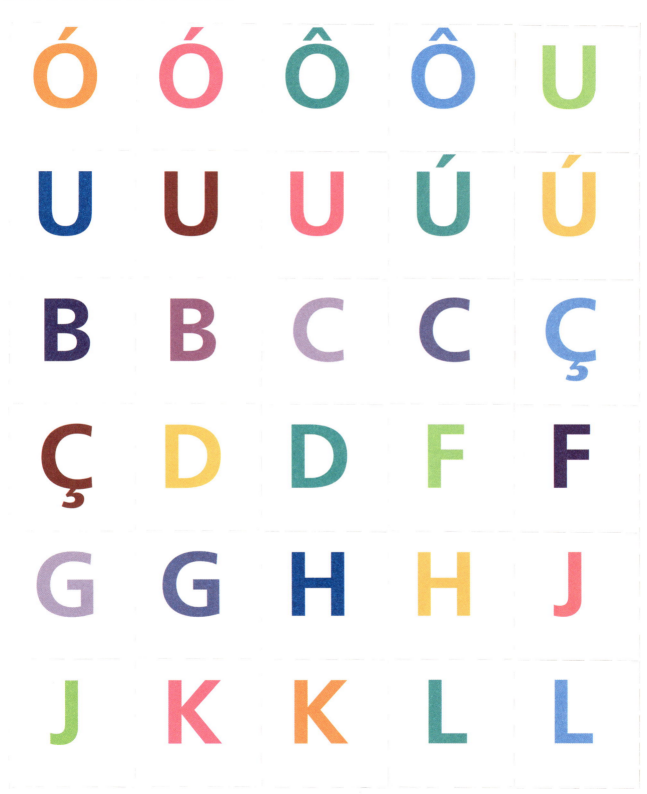

FICHA 3

LETRAS MÓVEIS MAIÚSCULAS.

M M M N N

N P P P Q

Q R R R S

S S T T T

V V V W W X

X Y Y Z Z

MATERIAL PARA A ATIVIDADE DA PÁGINA 29.

FICHA 5

IMAGENS PARA A ATIVIDADE DA PÁGINA 52.

Ficha 6

Alfabeto maiúsculo e minúsculo.

A B C D E
F G H I J
K L M N O
P Q R S T
U V W X Y
Z

e d c b a

j i h g f

o n m l k

t s r q p

y x w v u

z

Ficha 7

Letras móveis minúsculas.

a a a a a

á á ã ã â

â e e e e

e é é ê ê

i i i í í

o o o õ õ

Ficha 8

Letras móveis minúsculas.

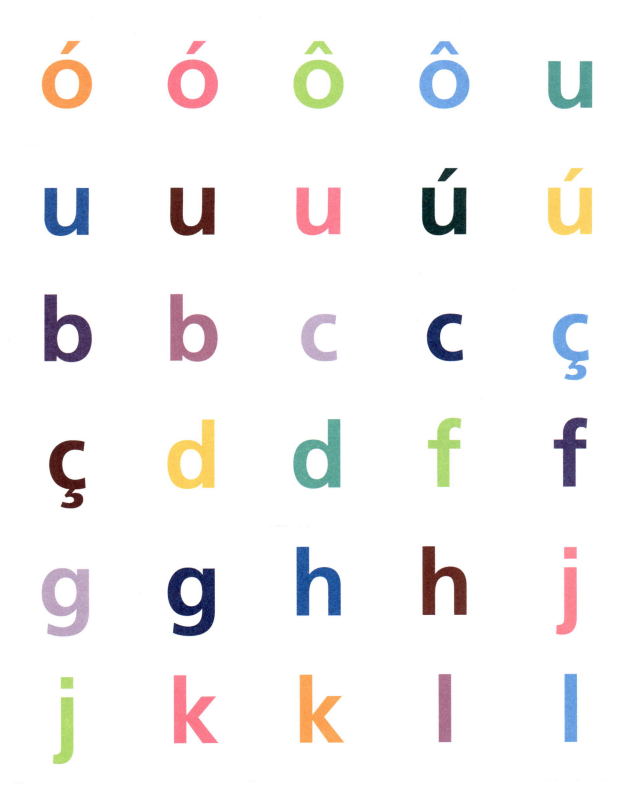

Ficha 9

Letras móveis minúsculas.

m	m	m	n	n
n	p	p	p	q
q	r	r	r	s
s	s	t	t	t
v	v	w	w	x
x	y	y	z	z

Ficha 10

Texto para a atividade da página 142.

INGREDIENTES

1. Separe as gemas das claras de ovo.
2. Bata as gemas na batedeira com 1 xícara de chá de açúcar.
3. Adicione a margarina e continue batendo muito bem.

MODO DE FAZER — Pavê de chocolate

- 1 pacote de 200 gramas de biscoito champanhe ou maisena
- 1 pacote de 200 gramas de margarina

4. Coloque o açúcar restante misturado com o chocolate em pó. Tome cuidado para que o pó do chocolate não seja lançado para fora da tigela.
5. Forre uma fôrma refratária quadrada com papel-alumínio ou filme de PVC.

- 5 ovos
- 2 xícaras de chá de açúcar
- 1 xícara de chá de chocolate em pó

6. Cubra o fundo da fôrma com biscoitos e espalhe a mistura de chocolate sobre essa camada. Repita o procedimento até preencher a fôrma, terminando com uma camada de biscoitos.
7. Leve à geladeira e desenforme no dia seguinte.

Ficha 11

Sílabas para a atividade da página 172.

a) se   de   jo

b) per   so   gem   na

c) ve   in   ja

d) má   ca   gi

e) gi   pá   na

f) jo   bei

Ficha 12

Imagens para a atividade da página 186.

- Elementos não proporcionais entre si

LIGAMUNDO

LÍNGUA PORTUGUESA

LUZIA FONSECA MARINHO
MARIA DA GRAÇA BRANCO

CADERNO DE ATIVIDADES

NOME: _____ TURMA: _____

ESCOLA: _____

2º ano
Ensino Fundamental • Anos Iniciais

São Paulo – 1ª edição – 2018

Direção geral: Guilherme Luz
Direção editorial: Luiz Tonolli e Renata Mascarenhas
Gestão de projeto editorial: Tatiany Renó
Gestão e coordenação de área: Alice Silvestre e Camila De Pieri Fernandes
Edição: Marina S. Lupinetti, Sheila Tonon Fabre (editoras), Débora Teodoro e Marina Caldeira Antunes (assist.)
Gerência de produção editorial: Ricardo de Gan Braga
Planejamento e controle de produção: Paula Godo, Roseli Said e Marcos Toledo
Revisão: Hélia de Jesus Gonsaga (ger.), Kátia Scaff Marques (coord.), Rosângela Muricy (coord.), Ana Paula C. Malfa, Daniela Lima, Gabriela M. Andrade, Luiz Gustavo Micheletti Bazana; Amanda Teixeira Silva e Bárbara de Melo Genereze (estagiárias)
Arte: Daniela Amaral (ger.), Catherine Saori Ishihara (coord.), Kleber de Messas (edição de arte)
Diagramação: MRS Editorial
Iconografia: Sílvio Kligin (ger.), Claudia Bertolazzi (coord.), Cristina Akisino, Enio Lopes e Jad Silva (pesquisa iconográfica)
Licenciamento de conteúdos de terceiros: Thiago Fontana (coord.), Liliane Rodrigues e Angra Marques (analistas de textos), Erika Ramires, Luciana Pedrosa Bierbauer e Claudia Rodrigues (analistas adm.)
Tratamento de imagem: Cesar Wolf e Fernanda Crevin
Ilustrações: ADOLAR, Biry Sarkis, Bruna Brasil, Cibele Queiroz, Clarissa França, Cris Eich, Edson Farias, Estúdio Lab 307, Nid Arts, Ricardo Dantas, Waldomiro Neto
Design: Gláucia Correa Koller (ger.), Erika Tiemi Yamauchi Asato (proj. gráfico e capa) e Talita Guedes da Silva (capa)
Foto de capa: Samuel Borges Photography/Getty Images
Ilustração de capa: Ideário Lab

Todos os direitos reservados por Saraiva Educação S.A.
Avenida das Nações Unidas, 7221, 1º andar, Setor A –
Espaço 2 – Pinheiros – SP – CEP 05425-902
SAC 0800 011 7875
www.editorasaraiva.com.br

2021
Código da obra CL 800639
CAE 628130 (AL) / 628131 (PR)
1ª edição
8ª impressão

Impressão e acabamento: Bercrom Gráfica e Editora

APRESENTAÇÃO

CARO ALUNO,

ESTE CADERNO DE ATIVIDADES FOI PRODUZIDO EXCLUSIVAMENTE PARA AJUDÁ-LO A AMPLIAR OS ESTUDOS REALIZADOS EM SALA DE AULA E A COLOCAR EM PRÁTICA OS CONHECIMENTOS QUE VOCÊ ESTÁ CONSTRUINDO.

AQUI VOCÊ ENCONTRARÁ PROPOSTAS ESTIMULANTES QUE COMPLEMENTAM O TRABALHO REALIZADO EM SEU LIVRO. POR MEIO DA LEITURA DE TEXTOS E DA REALIZAÇÃO DE ATIVIDADES DIVERSIFICADAS, VOCÊ TERÁ A OPORTUNIDADE DE COMPLEMENTAR SEUS ESTUDOS E DE REFLETIR SOBRE OS CONTEÚDOS ESTUDADOS.

ESPERAMOS QUE VOCÊ DESENVOLVA SEU APRENDIZADO SOBRE A LÍNGUA PORTUGUESA DE MANEIRA CADA VEZ MAIS AUTÔNOMA E, COM ISSO, DESEJE CONTINUAR APRENDENDO SEMPRE.

BOM TRABALHO!

AS AUTORAS.

SUMÁRIO

UNIDADE 1
É DIA DE FESTA! 5
CONVITE 5
ALFABETO E ORDEM ALFABÉTICA 6

UNIDADE 2
VAMOS AO TEATRO? 9
TEXTO TEATRAL 9
SÍLABA 12
ESCRITA DE PALAVRAS 13

UNIDADE 3
FAÇA A SUA ESCOLHA 14
ANÚNCIO 14
VOGAL E CONSOANTE 15
PALAVRAS NO DIMINUTIVO ... 16
SÍLABA 17

UNIDADE 4
Trocando informações 19
Bilhete 19
Sílaba 21
Letras F e V 22
Letras T e D 23

UNIDADE 5
Fábulas para pensar 24
Fábula 24
Letra R 26
Parágrafo 28

UNIDADE 6
Aromas e sabores 29
Receita culinária 29
Letra cursiva 31
Plural 32
Formação de palavras 33

UNIDADE 7
Contos e encantos 34
Conto 34
Diminutivo 36
Palavras opostas 37
Letras G e J 38

UNIDADE 8
Para saber mais 39
Texto expositivo 39
Letras G e J 41
Dicionário 42

UNIDADE 9
O mundo da história em quadrinhos 44
História em quadrinhos 44
Onomatopeia 47
Poema 48

UNIDADE 1

É DIA DE FESTA!

CONVITE

1 LEIA ESTE CONVITE.

CHÁ DE BEBÊ DO PEDRO
ESTOU QUASE CHEGANDO!
CAROLINA,
ESPERO VOCÊ NO DIA 25 DE JUNHO,
ÀS 16 HORAS, NA CASA DA MAMÃE E DO PAPAI.
SUGESTÃO DE PRESENTE:
UM PACOTE DE
FRALDAS TAMANHO P.

A) PARA QUE TIPO DE FESTA É FEITO UM CONVITE COMO ESSE?

_____

B) QUEM ESTÁ FAZENDO O CONVITE?

_____

C) QUEM ESTÁ SENDO CONVIDADO?

☐ CAROLINE   ☐ CAROLINA   ☐ CAMILA

D) ONDE SERÁ A FESTA?

☐ NA CASA DA CAROLINA.

☐ NA CASA DO PAPAI E DA MAMÃE.

E) A QUE HORAS COMEÇA A FESTA?

☐ ÀS 16 HORAS.

☐ ÀS 13 HORAS.

☐ ÀS 15 HORAS.

F) QUE PRESENTE FOI SUGERIDO NO CONVITE?

☐ UM CHOCALHO.

☐ UMA CHUPETA E UMA FRALDA.

☐ UM PACOTE DE FRALDAS.

ALFABETO E ORDEM ALFABÉTICA

2 OBSERVE O ALFABETO E CIRCULE AS VOGAIS.

A B C D E F G H I
J K L M N O P Q R
S T U V W X Y Z

A) QUANTAS LETRAS FORAM CIRCULADAS?

_____

B) NO ALFABETO, HÁ MAIS VOGAIS OU MAIS CONSOANTES?

_____

3 LEIA ESTES NOMES.

ELISA	ISABELA	PEDRO	SARA
MARCOS	ANA	ORLANDO	KARINA

A) COPIE OS NOMES QUE COMEÇAM COM CONSOANTE.

B) AGORA, ESCREVA OS NOMES QUE COMEÇAM COM VOGAIS.

C) SE VOCÊ FOSSE ORGANIZAR ESSES NOMES EM UMA LISTA EM ORDEM ALFABÉTICA, QUAL SERIA O PRIMEIRO NOME DA LISTA?

D) E QUAL SERIA O ÚLTIMO NOME DA LISTA?

4 LIGUE OS PONTOS SEGUINDO A ORDEM DO ALFABETO PARA FORMAR A FIGURA DE UM BRINQUEDO.

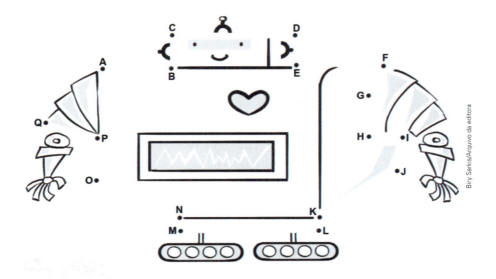

- QUE BRINQUEDO É ESSE?

5 COMPLETE O ALFABETO.

DICA: ESCREVA UMA LETRA EM CADA QUADRINHO.

			D				
		L				P	
					X		

A) AGORA, ESCREVA SEU PRIMEIRO NOME NO ESPAÇO ABAIXO.

B) PINTE NO QUADRO COM O ALFABETO AS LETRAS QUE APARECEM NO SEU PRIMEIRO NOME.

C) QUANTAS LETRAS TEM SEU NOME?

....

D) NO SEU NOME EXISTEM LETRAS QUE SE REPETEM?

☐ SIM   ☐ NÃO

■ SE SEU NOME TIVER LETRAS REPETIDAS, ESCREVA-AS ABAIXO.

....

E) QUANTAS VOGAIS E QUANTAS CONSOANTES TEM SEU NOME?

☐ VOGAIS

☐ CONSOANTES

• UNIDADE 2

VAMOS AO TEATRO?
TEXTO TEATRAL

1 LEIA ESTE TEXTO.

OS DOIS VIAJANTES E A ONÇA

PERSONAGENS

VIAJANTE 1
VIAJANTE 2
ONÇA

CENÁRIO

UMA ESTRADA NA FLORESTA

DOIS VIAJANTES, CARREGANDO PEQUENAS TROUXAS AMARRADAS EM UMA VARETA, SEGUEM POR UMA ESTRADA, ASSOVIANDO E CANTANDO. DE REPENTE, SURGE UMA ONÇA À FRENTE DELES, RUGINDO E PRESTES A ATACÁ-LOS.

VIAJANTE 1 E AGORA? O QUE VAMOS FAZER?

VIAJANTE 2 VOCÊ, EU NÃO SEI. MAS EU... VOU É DAR NO PÉ!

VIAJANTE 2 SAI CORRENDO E SE ESCONDE ATRÁS DE UMA ÁRVORE.

Biry Sarkis/Arquivo da editora

VIAJANTE 1 (*PENSANDO ALTO*)

VOU FINGIR DE MORTO! DIZEM QUE ALGUNS ANIMAIS RESPEITAM OS MORTOS!

JOGA-SE AO CHÃO E FINGE-SE DE MORTO.

A ONÇA CHEGA PERTO, FAREJA-O TODO E AFASTA-SE.

DEPOIS DE ALGUNS INSTANTES, SENTINDO-SE EM SEGURANÇA, O VIAJANTE 2 REAPARECE.

VIAJANTE 2 PODE SE LEVANTAR: A ONÇA JÁ FOI EMBORA.

(*VIAJANTE 1 LEVANTA-SE E RESPIRA ALIVIADO. VIAJANTE 2 BRINCA COM ELE*)

E ENTÃO: O QUE FOI QUE A ONÇA DISSE AO SEU OUVIDO, HEIN?

VIAJANTE 1 (*JUNTANDO SUAS COISAS PARA SEGUIR VIAGEM*)

PRA EU NÃO VIAJAR MAIS COM AMIGOS QUE DEIXAM A GENTE SOZINHO NA HORA DO PERIGO! (*PARA A PLATEIA*)

É NA HORA DO APERTO QUE A GENTE CONHECE O VERDADEIRO AMIGO.

CAI O PANO. FIM.

JOSÉ CARLOS ARAGÃO. OS DOIS VIAJANTES E A ONÇA. *QUANDO OS BICHOS FAZIAM CENA*. 2. ED. SÃO PAULO: PLANETA, 2012. P. 9-11.

A) ONDE ACONTECE A CENA DESSA PEÇA?

☐ NUMA RUA DA CIDADE.   ☐ NUMA ESTRADA NA FLORESTA.

B) O QUE ACONTECE ENQUANTO OS VIAJANTES CAMINHAM TRANQUILOS PELA ESTRADA?

....

C) UM DOS VIAJANTES FINGIU QUE ESTAVA MORTO PORQUE QUERIA:

☐ DESCANSAR. ☐ ESCAPAR DA ONÇA.

2 **UM TEXTO TEATRAL É ESCRITO PARA:**

☐ SER ENCENADO NO TEATRO.

☐ ENSINAR O LEITOR A FAZER ALGO.

☐ INFORMAR SOBRE UM ACONTECIMENTO REAL.

3 **RELEIA ESTE TRECHO E OBSERVE AS FRASES ENTRE PARÊNTESES.**

VIAJANTE 2 PODE SE LEVANTAR: A ONÇA JÁ FOI EMBORA. (*VIAJANTE 1 LEVANTA-SE E RESPIRA ALIVIADO. VIAJANTE 2 BRINCA COM ELE*)

Biry Sarkis/Arquivo da editora

A) O QUE AS FRASES ENTRE PARÊNTESES INDICAM?

....

....

B) ALÉM DOS PARÊNTESES, QUE OUTRA DIFERENÇA É POSSÍVEL OBSERVAR NO MODO COMO ESSAS FRASES ESTÃO ESCRITAS?

....

....

SÍLABA

4 REESCREVA AS PALAVRAS ABAIXO, COLOCANDO CADA SÍLABA EM UM QUADRINHO.

ARI

MARIANA

LUANA

ROBERTO

RODRIGO

GABRIEL

A) QUAL DESSES NOMES TEM MAIS SÍLABAS?

_____

- OBSERVE ESSE NOME E ANOTE SUA QUANTIDADE DE:

  SÍLABAS. ☐   LETRAS. ☐

B) QUAL DESSES NOMES TEM MENOS SÍLABAS?

_____

- OBSERVE ESSE NOME E ANOTE SUA QUANTIDADE DE:

  SÍLABAS. ☐   LETRAS. ☐

C) AGORA, LOCALIZE OS NOMES COM A MESMA QUANTIDADE DE SÍLABAS E COPIE-OS AQUI.

_____

_____

- QUANTAS SÍLABAS ESSES NOMES TÊM? ☐

ESCRITA DE PALAVRAS

5 ASSINALE A PALAVRA CORRESPONDENTE A CADA IMAGEM.

☐ CORNETA ☐ CANECA ☐ CANETA

☐ ESTOJO ☐ ESTOLA ☐ ESCOLA

☐ POMADA ☐ DOMADA ☐ TOMADA

6 TROQUE UMA OU MAIS VOGAIS E ESCREVA OUTRAS PALAVRAS.

PATO   PANO   RITA   DADO

....

7 TROQUE UMA OU MAIS CONSOANTES E ESCREVA OUTRAS PALAVRAS.

PATO   LATA   TIRA   VELA

....

8 OBSERVE AS IMAGENS E ESCREVA APENAS OS NOMES QUE COMEÇAM COM A LETRA **B**.

....

FAÇA A SUA ESCOLHA
ANÚNCIO

1 LEIA ESTE ANÚNCIO.

ORGANIZAÇÃO BEM-ANIMAL (OBA!)

A) QUANTOS ANIMAIS APARECEM NO ANÚNCIO? ....

B) NO ANÚNCIO HÁ:

☐ MAIS GATOS QUE CACHORROS.

☐ MAIS CACHORROS QUE GATOS.

C) PARA QUE SERVE ESSE ANÚNCIO?

☐ PARA DIVULGAR A VACINAÇÃO DE ANIMAIS.

☐ PARA DIVULGAR A ADOÇÃO DE ANIMAIS.

☐ PARA DIVULGAR O DESAPARECIMENTO DE ANIMAIS.

VOGAL E CONSOANTE

2 LEIA ESTES NOMES DE ANIMAIS DE ESTIMAÇÃO. CIRCULE A LETRA INICIAL DE CADA UM DELES.

APOLO	PAÇOCA	BOLINHA	LOBO
FRIDA	PANTERA	DOCINHO	TOTÓ

A) QUAIS DESSES NOMES COMEÇAM COM A MESMA LETRA?

....

B) COPIE O NOME QUE COMEÇA COM VOGAL.

....

C) AGORA, SUBLINHE A ÚLTIMA LETRA DE CADA NOME.

D) TODOS ESSES NOMES TERMINAM COM:

☐ VOGAL.   ☐ CONSOANTE.

E) QUANTAS CONSOANTES TEM CADA NOME?

APOLO ☐   PANTERA ☐

FRIDA ☐   LOBO ☐

BOLINHA ☐   DOCINHO ☐

PAÇOCA ☐   TOTÓ ☐

F) AGORA, ESCREVA OS NOMES QUE TÊM A MESMA QUANTIDADE DE VOGAIS E DE CONSOANTES.

....

....

PALAVRAS NO DIMINUTIVO

3 OBSERVE ESTES PARES DE PALAVRAS.

CASA / CAS**INHA**   CACHORRO / CACHORR**INHO**

A) O QUE INDICAM ESSAS PALAVRAS TERMINADAS EM **-INHO/-INHA**?

☐ TAMANHO REDUZIDO.

☐ TAMANHO COMUM.

☐ TAMANHO GRANDE.

B) ESSAS PALAVRAS TERMINADAS EM **-INHO/-INHA** ESTÃO NO:

☐ AUMENTATIVO.   ☐ DIMINUTIVO.

4 LEIA ESTES DOIS NOMES DE ANIMAIS DE ESTIMAÇÃO.

MAGO   ESTRELA

A) ESSAS PALAVRAS ESTÃO NO DIMINUTIVO?

☐ SIM   ☐ NÃO

- EXPLIQUE COMO VOCÊ CHEGOU A ESSA RESPOSTA.

....

....

B) ESCREVA ESSES NOMES NO DIMINUTIVO.

....

5 COMPLETE AS FRASES USANDO O DIMINUTIVO.

UM CACHORRO PEQUENO É UM ....

UMA CADEIRA PEQUENA É UMA ....

UM GATO PEQUENO É UM ....

UM SAPATO PEQUENO É UM ....

UMA PEDRA PEQUENA É UMA ....

SÍLABA

6 TROQUE AS SÍLABAS DE LUGAR E ESCREVA OUTRA PALAVRA. OBSERVE O EXEMPLO.

BO	CA	**CABO**	CE	DO	
LO	BO		GO	LA	
JU	CA		PA	CA	
MA	LA		LE	VA	
TO	MA		TO	PA	
CA	TO		CO	TA	
CA	MA		DE	VER	
DA	VI		LA	VE	
TA	PA		MA	GRA	
CA	VA		TO	RA	

7 TROQUE SOMENTE A PRIMEIRA SÍLABA DAS PALAVRAS PARA ESCREVER OUTRAS.

BOTA	SACO	MALA

8 DESAFIO! ESCREVA OUTRAS PALAVRAS A PARTIR DA PALAVRA **LIMÃO**, TROCANDO SOMENTE A PRIMEIRA SÍLABA.

LIMÃO.

9 LEIA ESTAS FRASES.

A IDADE NÃO IMPORTA PARA OS AMIGOS DE VERDADE!
CUIDE DO SEU BICHINHO.

■ ENCONTRE NESSAS FRASES DUAS PALAVRAS COM:

A) UMA SÍLABA.

B) DUAS SÍLABAS.

C) TRÊS SÍLABAS.

Trocando informações

Bilhete

1 Leia este bilhete.

> Marcos,
> Fui à padaria comprar leite.
> Quando acordar, arrume sua cama e escove os dentes.
> Beijos,
> Mamãe

a) Quem enviou esse bilhete?

....

b) O bilhete provavelmente foi escrito:

☐ pela manhã.   ☐ à tarde.   ☐ à noite.

c) Para quem o bilhete foi escrito?

....

d) Por que esse bilhete foi escrito? Assinale as alternativas corretas.

☐ Porque a mãe queria que o filho soubesse onde ela estava quando ele acordasse.

☐ Porque a mãe gostava de escrever.

☐ Porque a mãe queria lembrar o filho de arrumar a cama e escovar os dentes depois de acordar.

☐ Porque a mãe queria acordar o filho para comprar leite.

2 Assinale as partes que sempre devem existir em um bilhete.

☐ O nome da pessoa que vai receber o bilhete.

☐ O nome da pessoa que enviou o bilhete.

☐ Um desenho.

☐ Uma mensagem.

3 Quem escreveria cada um destes bilhetes? Ligue e faça a correspondência.

Branca de Neve,
Tranque bem a casa.
Vamos voltar muito tarde da mina.

Chapeuzinho Vermelho,
Leve esses docinhos para a vovó.
Tenha cuidado no caminho.

Cinderela,
Você quer ir ao baile?
Precisamos encontrar uma abóbora bem grande.

Pinóquio,
Você precisa parar de mentir.
Seu nariz está ficando cada vez maior.

Fada Madrinha

Anões

Mamãe

Vovô Gepeto

Sílaba

4 Descubra as sílabas que faltam e preencha os bilhetes para que as mensagens fiquem completas.

Luís,

Hoje eu não posso .... gar fu .... bol com vo ....

Mi .... drinha vem me visi ....

A .... nhã eu te .... go.

Gusta ....

Queri .... ,

.... chei seu do .... mento per .... do na .... la.

Co .... quei na ga .... ta do ar .... rio.

Vol .... mais tar ....

.... celo

5 Junte as sílabas da mesma cor e escreva nomes de frutas.

JA	LA	A	MO	U	BA	RAN
A	RAN	BU	CA	VA	BA	CA
TE	CA	JA	XI	BA	GO	TI

Letras F e V

6 Em cada item, complete uma palavra com **F** e a outra com **V**. Depois, observe as palavras formadas.

a) _____ aca   _____ aca

b) _____ arinha   _____ arinha

c) _____ ila   _____ ila

d) _____ eia   _____ eia

e) _____ oto   _____ oto

■ Leia em voz alta as palavras que você completou e fique atento à diferença de pronúncia entre elas.

7 Troque a letra **V** pela letra **F** e escreva outras palavras.

viga _____   vez _____

vala _____   vim _____

venda _____   vazia _____

8 Complete o nome dos animais com a letra adequada.

gira ___ a   a ___ estruz   cor ___ o

___ ormiga   bú ___ alo   o ___ elha

ga ___ ião   pa ___ ão

ca ___ alo   ___ aga-lume

capi ___ ara   gol ___ inho

ele ___ ante   ja ___ ali

___ oca   ___ espa

:Letras T e D

9 Leia este bilhete.

○	Sofia,
○	Alimente o gatinho antes de ir à natação.
○	Deixei o pote da ração no degrau da escada.
○	Obrigado.
○	Tiago

a) Copie três palavras do bilhete que são escritas com a letra **T**.

....

b) Copie três palavras escritas com a letra **D**.

....

10 Troque a letra **T** pela letra **D** e escreva outras palavras.

tato .... tela ....

tanto .... tomar ....

tia .... fato ....

11 Escolha a palavra adequada para completar cada frase.

| pirata | vendo | vento | pirada |

A menina ficou .... quando ganhou a fantasia.

Eu .... laranjas na feira.

O navio do .... afundou durante uma tempestade.

O .... espalhou as folhas pelo quintal.

Unidade 5

Fábulas para pensar

Fábula

1 Leia esta fábula com atenção.

O falcão e o rouxinol

Um rouxinol que se abrigara nos altos galhos de um carvalho cantava celestialmente, quando foi notado por um falcão que saíra para caçar. A ave mergulhou no ar e agarrou o pobre rouxinol.

"Por favor, senhor, deixe-me ir", implorava o pássaro. "Não sou grande o suficiente para satisfazer a fome de uma criatura tão grandiosa. Se a necessidade é de uma refeição decente, então deveria buscar por um pássaro bem maior que eu ou ainda algum pequeno animal que vive nos campos."

Contudo, o falcão o interrompeu, dizendo: "Eu teria enlouquecido se deixasse um alimento garantido, que já tenho nas garras, em busca de um que eu ainda teria de caçar.".

Mais vale um pássaro na mão que dois voando.

200 fábulas de Esopo. São Paulo: Girassol, 2014. p. 343-344.

a) Ligue cada palavra ao significado que ela tem na história que você leu.

abrigara	correta
celestialmente	protegera
decente	maravilhosamente

b) Onde estava o rouxinol quando foi atacado pelo falcão?

....

....

c) O que pode ter chamado a atenção do falcão, para que ele encontrasse facilmente o rouxinol?

☐ As penas coloridas do rouxinol.

☐ O tamanho do rouxinol.

☐ O canto do rouxinol.

d) Releia este trecho da fábula.

> "Por favor, senhor, deixe-me ir", implorava o pássaro. "Não sou grande o suficiente para satisfazer a fome de uma criatura tão grandiosa."

- Que intenção teve o rouxinol ao dizer isso para o falcão?

....

....

- Que palavra o rouxinol usou para se dirigir ao falcão, demonstrando respeito?

....

e) Qual é o significado do ensinamento da moral da fábula?

☐ Fingir-se de surdo e não ouvir os pedidos dos outros.

☐ Melhor ter pouco do que querer muito e ficar sem nada.

☐ Tomar cuidado quando há perigo.

Letra R

2 Leia algumas palavras com a letra **R**.

> rouxinol   abrigara   carvalho   mergulhou   ar   pobre
> favor   senhor   grande   criatura   grandiosa   refeição

a) Agora, organize essas palavras no quadro abaixo.

R no início da palavra	R depois de consoante	R no final da sílaba

b) Complete a frase:

Na primeira coluna, o som da letra **R** nas palavras é ....

c) Escreva, na primeira coluna do quadro, mais três palavras com a letra **R** no início.

3 Separe as sílabas destas palavras.

agarrou ....

interrompeu ....

garras ....

■ Qual dessas palavras tem o maior número de sílabas?

....

4 Reescreva as frases trocando as imagens por palavras.

O saiu do e roeu a  do .

A de  amarelas voou para a .

Bati um na  com o .

5 Preencha a cruzadinha com as palavras abaixo.

Dica: Comece a cruzadinha escrevendo a palavra maior.

rei   rabo   remo   gorro
terra   coruja   carruagem

Parágrafo

6 Releia esta fábula que você conheceu no seu livro.

Os sapos e o poço

Dois sapos viveram em um pântano até que um verão muito violento secou toda a água. Eles, então, foram obrigados a buscar um novo lugar para morar.

Depois de alguns dias procurando, encontraram um velho poço, bastante profundo.

Olhando para baixo, um deles disse:

"Este parece ser um lugar agradável. Vamos saltar e nos instalar nele."

Mas seu amigo respondeu:

"Não tão rápido assim. Se o poço secar, como iremos sair daí?"

Paulo Coelho. *Fábulas*: histórias de Esopo e La Fontaine para o nosso tempo. São Paulo: Benvirá, 2011. p. 122.

a) Pinte o espaço que marca o início dos parágrafos.

b) Quantos parágrafos tem esse texto?

c) Quem fala em cada parágrafo: o narrador, o primeiro sapo ou o segundo sapo?

1º parágrafo ....

2º parágrafo ....

3º parágrafo ....

4º parágrafo ....

5º parágrafo ....

6º parágrafo ....

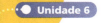

Aromas e sabores
Receita culinária

1 Leia esta receita e depois complete a lista dos ingredientes.

MUSSE DE MARACUJÁ

Ingredientes

1 lata de leite ....

A mesma medida de ....

Claras de 3 ....

Folhinhas de ....

Modo de fazer

1. Bata o leite condensado com o suco de maracujá no liquidificador.

2. Quebre os ovos e separe as gemas, pois você só vai usar as claras.

3. Em uma vasilha funda, bata as claras em neve.

4. Despeje a mistura de maracujá nas claras batidas e mexa sem bater.

5. Coloque na geladeira por uma hora antes de servir.

6. Enfeite com folhinhas de hortelã.

2 Encontre no diagrama o nome destes sete ingredientes comuns em receitas culinárias.

> fermento   sal   acúçar   leite
>
> margarina   ovos   farinha

E	F	E	R	M	E	N	T	O	Z	Q	M	I
A	J	U	O	V	S	V	X	Q	Ã	A	A	T
S	A	L	G	F	N	F	N	P	F	M	R	U
L	T	B	D	V	D	V	U	I	A	B	G	X
R	O	A	I	Z	I	S	C	T	R	R	A	N
L	E	I	T	E	G	C	O	N	I	G	R	B
F	N	D	V	O	V	O	S	H	N	X	I	C
D	V	Z	A	T	E	N	W	L	H	L	N	E
A	Ç	Ú	C	A	R	F	E	C	A	O	A	M

3 Qual destas frases é o título de uma receita culinária?

☐ Limão galego não serve para geleia.

☐ Geleia marca aos doze do segundo tempo.

☐ Geleia de morango.

☐ Oferta do dia: geleia de laranja.

Letra cursiva

4 Copie a receita usando letra cursiva.

ESPETINHO DE MORANGO COM CHOCOLATE

Ingredientes

2 caixas de morangos limpos

400 gramas de chocolate ao leite picado

Modo de fazer

1. Espete quatro ou cinco morangos limpos em um palito de churrasco e reserve.

2. Monte vários espetos.

3. Derreta o chocolate picado em banho-maria e banhe os espetos nessa calda.

4. Deixe secar e sirva.

:Plural

5 Leia a receita de pé de moleque.

Pé de moleque
3 xícaras de amendoim cru sem casca
2 xícaras de açúcar
2 colheres de bicarbonato de sódio

- Reescreva as medidas prestando atenção na mudança das quantidades.

Pé de moleque
1 .... de amendoim cru sem casca
Meia .... de açúcar
1 .... de bicarbonato de sódio

6 Leia o trecho a seguir, que apresenta uma parte do conto **João e Maria**. Observe as palavras destacadas.

> João e Maria encontraram uma **casinha** no meio da **floresta** e notaram que ela era toda feita de doce. As **paredes** eram de chocolate, as **janelas** de balas de goma [...]

- Copie as palavras destacadas na coluna adequada do quadro. Em seguida, complete a linha com o singular ou o plural correspondente.

Singular	Plural

Formação de palavras

7 Observe a palavra em destaque e as palavras que foram escritas usando letras dessa palavra.

| margarida | | mar | ar | gari | ida | grama |

- Use as letras de cada palavra a seguir e escreva outras palavras.

  sabonete ....

  tartaruga ....

  fechadura ....

  primavera ....

8 Acrescente uma letra e escreva outra palavra.

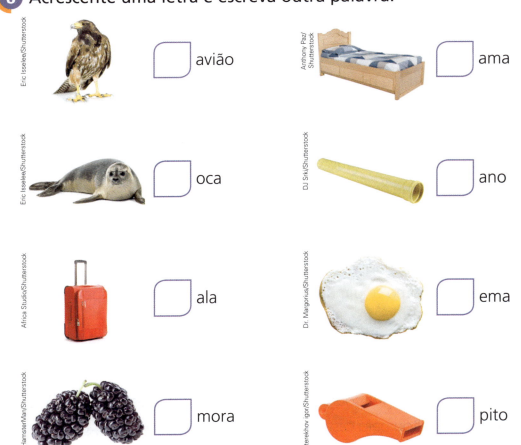

avião

ama

oca

ano

ala

ema

mora

pito

Unidade 7

Contos e encantos

Conto

1 Leia o conto e responda às questões.

A boa sopa

Era uma vez uma mocinha pobre e piedosa que vivia sozinha com a mãe. Como não havia mais nada para comer na casa delas, a menina entrou na floresta em busca de alguma coisa. Na floresta ela encontrou uma mulher idosa que tinha conhecimento de sua pobreza e lhe deu de presente uma panelinha à qual era suficiente dizer: "Panelinha, cozinhe!", para que na mesma hora ela cozinhasse uma excelente sopa de **painço** bem cremosa; e quando alguém dizia: "Panelinha, pode parar!", ela logo parava de fazer a sopa.

> **Painço:** cereal composto de grãos, muito nutritivo, usado na alimentação.

A menina voltou para casa levando a panela e com aquele presente a pobreza das duas acabou, pois mãe e filha comiam a boa sopa da panelinha sempre que sentiam vontade, e na quantidade que quisessem. Uma vez a menina havia saído e a mãe disse: "Panelinha, cozinhe!".

A panela cozinhou e a mãe comeu até ficar satisfeita; quando a fome acabou, a mãe quis que a panelinha parasse, mas como ela não sabia o que era preciso dizer, a panela continuou fazendo sopa e a sopa transbordou, a panelinha continuou e a sopa escorreu pela cozinha, encheu a cozinha, escorreu pela casa, depois invadiu a casa dos vizinhos, depois a rua, e continuou sempre escorrendo por todos os lugares, como se o mundo todo fosse ficar cheio de sopa para que ninguém mais sentisse fome.

É, mas o problema é que ninguém sabia o que fazer para resolver a situação. A rua inteira, as outras ruas, tudo cheio de sopa, e quando em toda cidade só tinha sobrado uma casinha que não estava cheia de sopa, a menina voltou para casa e disse calmamente: "Panelinha, pode parar!" e a panela parou e a enchente de sopa acabou.

Só que todo aquele que quisesse entrar na cidade era obrigado a abrir caminho comendo sopa.

> Jacob Grimm e William Grimm. "A boa sopa". Em: *Contos de Grimm*. Tradução de Heloisa Jahn. São Paulo: Companhia das Letrinhas, 1996. p. 73-74.

- Complete as frases de acordo com o texto. Depois, preencha a cruzadinha.

   a) A menina ganhou uma _____ mágica.

   b) Esse objeto mágico cozinhava _____.

   c) A mulher sabia que a menina e sua mãe eram _____.

   d) A menina estava na _____ quando ganhou o objeto mágico.

   e) A menina pediu à panelinha que parasse de _____ a sopa.

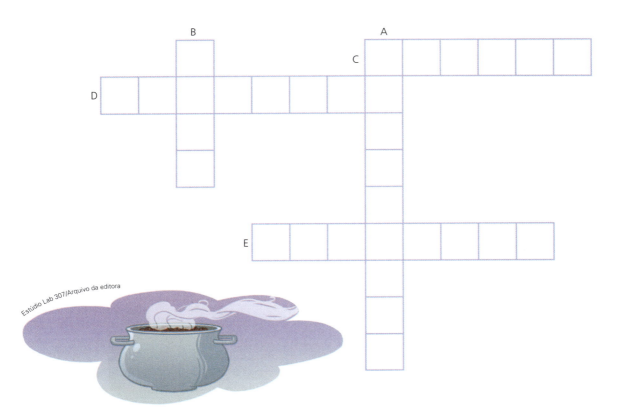

35

Diminutivo

2 Releia este parágrafo do conto "A boa sopa".

> Era uma vez uma mocinha pobre e piedosa que vivia sozinha com a mãe. Como não havia mais nada para comer na casa delas, a menina entrou na floresta em busca de alguma coisa. Na floresta ela encontrou uma mulher idosa que tinha conhecimento de sua pobreza e lhe deu de presente uma panelinha à qual era suficiente dizer: "Panelinha, cozinhe!", para que na mesma hora ela cozinhasse uma excelente sopa de painço bem cremosa; e quando alguém dizia: "Panelinha, pode parar!", ela logo parava de fazer a sopa.

a) Sublinhe as palavras com a letra **H** que aparecem nesse trecho.

b) Das palavras que você sublinhou, quais transmitem a ideia de tamanho pequeno?

....

■ Circule a parte que se repete nas palavras que você escreveu.

c) Copie do trecho uma palavra terminada em **-inha** que não transmite a ideia de tamanho pequeno.

....

3 Escreva as palavras a seguir no diminutivo.

menina ....   mãe ....

hora ....   presente ....

floresta ....

casa ....

mulher ....

:Palavras opostas

4 Deixe as frases com o sentido contrário acrescentando uma sílaba no início da palavra em destaque. Observe o exemplo.

a) A mãe parecia **satisfeita** depois de tomar a sopa.

A mãe parecia ⸺**in**⸺ satisfeita depois de tomar a sopa.

b) Era **suficiente** dizer: "Panelinha, cozinhe!".

Era ⸺⸺⸺ suficiente dizer: "Panelinha, cozinhe!".

c) Só uma pessoa era **capaz** de fazer a panelinha parar de cozinhar.

Só uma pessoa era ⸺⸺⸺ capaz de fazer a panelinha parar de cozinhar.

d) A menina ficou **feliz** com a panelinha mágica.

A menina ficou ⸺⸺⸺ feliz com a panelinha mágica.

e) A mulher idosa foi **justa** ao presentear a menina com a panelinha.

A mulher idosa foi ⸺⸺⸺ justa ao presentear a menina com a panelinha.

5 Ligue as palavras que têm sentido contrário.

pobre	vazio
idosa	continuar
parar	rico
acabou	jovem
cheio	começou

:Letras G e J

6 Organize as sílabas e escreva palavras.

ji	can	ca
la	ti	ge
je	ção	in
gi	pá	na
to	je	pro
ro	li	gei
gem	ra	ga
lo	ta	jis

7 Siga o exemplo e forme palavras.

Dica: Observe o uso da letra **G** em cada par de palavras.

pêssego	pessegueiro
formiga	
manga	
figo	
açougue	
fogo	
carga	
manteiga	

Para saber mais

Texto expositivo

1 Leia algumas informações sobre um animal chamado anta.

Anta brasileira

A anta brasileira (*Tapirus terrestris*) é um mamífero terrestre da família Tapiridae. Trata-se do maior mamífero da América do Sul. Geralmente as fêmeas são maiores, medindo até 2 m de comprimento, 1 m de altura e pesando até 300 kg.

O corpo da anta brasileira tem o formato parecido com o dos porcos, porém tem um tom de pele mais acinzentado. Seus pelos são curtos e macios e não cobrem o corpo inteiro. Seus pés traseiros têm 3 dedos, enquanto os dianteiros apresentam um quarto dedo, um pouco reduzido. Sua cauda é fina e curta. No lugar dos lábios superiores, as antas apresentam uma pequena tromba, de até 17 cm, **preênsil** e flexível. Na tromba existem pêlos sensíveis à umidade e a cheiro.

Preênsil: capaz de segurar, prender, pegar.

[...]

A anta brasileira, aqui descrita, na verdade é encontrada em toda a América do Sul, exceto no Chile e no Uruguai. No Brasil, são mais encontradas nas áreas próximas aos rios Paraná e Paraguai, na bacia do rio da Prata e na bacia do rio Amazonas. As antas sempre estão próximas aos rios por que é neles que elas preferem se esconder de predadores. São ótimas nadadoras.

As antas têm hábitos noturnos, permanecendo escondidas na floresta durante a noite. São animais herbívoros, alimentando-se de frutas, folhas, grama, ramos, brotos, caules, cascas de árvores e plantas aquáticas.

Eventualmente pastam em plantações de arroz, cana-de-açúcar, milho, entre outras. As antas costumam demarcar seu território graças a uma glândula facial que libera um odor típico por onde elas passam. Os machos da espécie demarcam seu território urinando sempre nos mesmos lugares. Além disso, emitem estalidos, assobios e bufos em diferentes situações.

[...]

Thais Pacievitch. *Anta brasileira*. Disponível em: <www.infoescola.com/mamiferos/anta-brasileira/>. Acesso em: 24 abr. 2018.

a) Qual é a finalidade desse texto?

☐ Contar a história de uma anta.

☐ Informar sobre uma espécie de animal.

☐ Divertir o leitor.

b) Escreva algumas descrições que o texto apresenta sobre a anta.

Corpo: _____

Pés: _____

Focinho: _____

c) Por que a anta está sempre próxima aos rios?

☐ Porque ela gosta de comer peixes.

☐ Porque ela é presa fácil para outros animais.

d) O texto informa que o tamanho do macho e o da fêmea são diferentes. Qual deles é maior?

_____

Letras G e J

2 Decifre as charadas e anote as respostas.

Dica: Todas as respostas são nomes de animais e contêm a letra **G**.

a) Tem três sílabas no nome. Adora comer folhas. Constrói seu casulo para um dia voar.

....

b) Vive pendurado de cabeça para baixo. Voa e amamenta seu filhote.

....

c) Sete vidas ele possui, tem bigode, rabo e adora comer sardinhas.

....

d) Bota ovos na areia e quando anda carrega a casa junto.

....

3 Continue decifrando as charadas, mas atenção: agora todas as respostas têm a letra **J**.

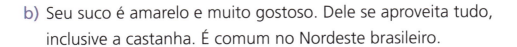

a) Vive no mato e se arrasta. Seu nome rima com joia.

....

b) Seu suco é amarelo e muito gostoso. Dele se aproveita tudo, inclusive a castanha. É comum no Nordeste brasileiro.

....

c) Faz parte da casa. Pode ser de vidro ou de madeira. Quando está aberta deixa o sol e o vento entrar.

....

41

Dicionário

4 Leia o sentido da palavra **prudente** no dicionário.

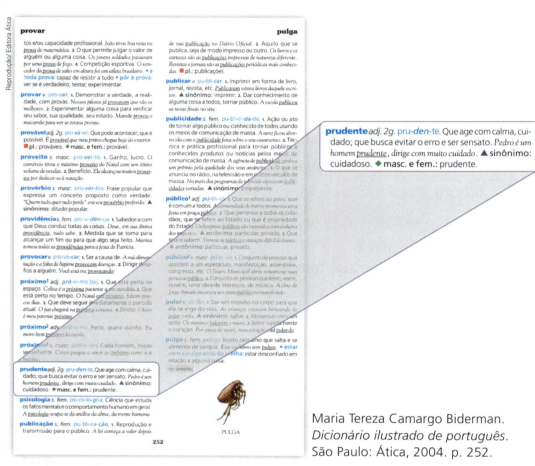

Maria Tereza Camargo Biderman. *Dicionário ilustrado de português*. São Paulo: Ática, 2004. p. 252.

a) Agora, leia esta frase em que aparece a palavra **prudente**.

> O macho gosta de viver isolado e é bastante prudente, permanecendo escondido na floresta durante a noite.

- Reescreva a frase utilizando outra palavra que tenha o mesmo significado de **prudente**, de acordo com o que você leu no dicionário.

....

....

....

b) Observe novamente a página do dicionário. Que verbete aparece antes de **prudente**?

....

c) E que verbete aparece depois de **prudente** nessa página de dicionário?

....

d) Com que letra começam os verbetes dessa página?

....

5 Quais destas palavras apareceriam em um dicionário antes do verbete **prudente**?

☐ queijo   ☐ uva   ☐ maçã

☐ jacaré   ☐ abril   ☐ samambaia

■ Organize as palavras acima em ordem alfabética.

....

....

6 Faça um **X** nas palavras que apareceriam no dicionário depois do verbete **prudente**.

☐ trave   ☐ arbusto   ☐ batata

☐ cueca   ☐ vaca   ☐ alecrim

■ Organize as palavras acima em ordem alfabética.

....

....

Unidade 9

O mundo da história em quadrinhos

História em quadrinhos

1. Leia esta história em quadrinhos.

Mauricio de Sousa. *Almanaque Historinhas de duas páginas*: Turma da Mônica. São Paulo: Panini Comics, maio 2013.

a) A mãe da Mônica detesta tardes chuvosas porque:

☐ a Mônica fica muito triste.

☐ a Mônica e seus amigos fazem bagunça dentro de casa.

b) Na expressão **tardes chuvosas**, a palavra **chuvosas** indica:

☐ tardes com chuva.

☐ tardes sem chuva.

☐ tardes com vento.

c) Releia este quadrinho.

- O que a mãe da Mônica quis dizer com a expressão "antes que o pesadelo comece"?

....

....

d) Observe o último quadrinho. O que está acontecendo na cena?

....

....

....

e) Que brinquedos aparecem nessa história?

....

....

Onomatopeia

2 Escreva, nas linhas abaixo dos quadrinhos, o que representam as onomatopeias que aparecem neles.

....

3 Escrevas as onomatopeias nos balões adequados.

BUAAAAA!!!   ZZZZZZZ

Ilustrações: Biry Sarkis/Arquivo da editora

4 Complete as frases com onomatopeias.

a) .... – late o cachorro quando vê um osso.

b) .... – faz o sino da igreja toda manhã.

c) .... – chora o bebê quando está com fome.

47

Poema

5 Leia este poema.

> **Vaca em pó**
>
> Que dó
> da vaca em pó.
> Não mugia
> nem tinha alegria
> só ficava ali
> no prato da gente
> pastoso mingau
> solenemente...
>
> Almir Correa. *Poemas sapecas, rimas traquinas.* São Paulo: Formato, 2010. p. 7.

a) O título do poema se relaciona com:

☐ leite condensado   ☐ leite em pó

b) Quantos versos tem esse poema? ☐

c) Que palavra do poema rima com **dó**?

■ E que palavra rima com **mugia**? _____

e) A palavra do poema com mais sílabas é _____.

f) Quais destas palavras que aparecem no poema têm duas sílabas?

☐ mugia   ☐ pastoso   ☐ vaca

☐ gente   ☐ alegria   ☐ pó

☐ mingau   ☐ prato   ☐ tinha